1 Son muy famosos

1a Elige tres dibujos para cada descripción.

1

Me llamo Francisco. Soy mexicano, vivo en Oaxaca. Mi cumpleaños es el 4 de junio y tengo catorce años. Mi padre es mecánico y mi madre es profesora. Tengo un hermano que se llama Javier. Javier es mayor que yo pero yo soy el más alto. Tengo los ojos marrones y el pelo negro y corto.

2

¿Qué tal? Soy Clara. Soy de España y vivo en Ávila con mi madre. Soy hija única. Mi cumpleaños es el 7 de enero y tengo trece años. Soy bastante baja. Soy rubia y tengo el pelo corto y rizado. Tengo los ojos azules.

☐☐☐   ☐☐☐

a **13**

b **14**

c

d

e

f

1b Lee las descripciones de 1a otra vez y contesta a las preguntas.

Ejemplo: ¿Cuál es la nacionalidad de Francisco? <u>Es mexicano.</u>

1 ¿Cuántos hermanos tiene Francisco? _____

2 ¿Quién es más bajo, Francisco o su hermano? _____

3 ¿Dónde vive Clara? _____

4 ¿Cómo es el pelo de Clara? _____

5 ¿Cuándo es el cumpleaños de Clara? _____

6 ¿Qué es el padre de Francisco? _____

1c Escribe una descripción similar sobre ti.

<u>Me llamo</u> _____

_____

_____

¡Listos! 2 © Harcourt Education Ltd 2003

2 Juego bien al fútbol

1a Empareja los dibujos con las frases.

1 Alejandro es más alto que Javier. ☐

2 Juana es menos baja que María. ☐

3 Rafael es más tranquilo que Miguel. ☐

4 Hugo es más grande que Pepi. ☐

5 Bernardina es más vieja que Saturnina. ☐

6 Mauricio es menos divertido que Daniel. ☐

7 Paz es menos generosa que Marta. ☐

a   Hugo   b   c   d

e   f   g

1b Lee las frases de 1a otra vez. Identifica las personas en cada dibujo y escribe sus nombres.

Read the sentences in 1a again. Identify the people in each picture and write their names.

2a Lee la carta. ¿Verdad (✓) o mentira (✗)?

1 Sonia vive en la capital más alta del mundo. ☐

2 Prefiere estudiar francés. ☐

3 El inglés es más interesante que el francés. ☐

4 David es más bajo que Nicolás. ☐

5 Nicolás es menos guapo que David. ☐

6 Rebeca es la hermana más pequeña. ☐

¡Hola!
Me llamo Sonia. Soy boliviana y vivo en La Paz. La Paz es la capital más alta del mundo. Soy estudiante, estudio inglés y francés. Prefiero el inglés porque el francés es menos interesante. Tengo dos hermanos y una hermana. Se llaman David, Nicolás y Rebeca. David es el más alto pero Nicolás es más guapo. Rebeca sólo tiene tres años, es la más pequeña.

2b Lee la carta otra vez y contesta a las preguntas.

1 *Where is Sonia from?* _____

2 *What is she?* _____

3 *What does she study?* _____

4 *What is different about each of her brothers and her sister?*

   a *David:* _____

   b *Nicolás:* _____

   c *Rebeca:* _____

¡Listos!

Ana Kolkowska Libby Mitchell

2 Rojo

Cuaderno B

Inspiring generations

Heinemann is an imprint of Pearson Education Limited, a company incorporated in England and Wales, having its registered office at Edinburgh Gate, Harlow, Essex, CM20 2JE. Registered company number: 872828

Heinemann is a registered trademark of Pearson Education Limited

© Ana Kolkowska and Libby Mitchell, 2003

First published 2003

10
16

British Library Cataloguing in Publication Data is available from the British Library on request.

ISBN: 978 0 435429 65 2 (single)

ISBN: 978 0 435429 64 5 (pack of 8)

Produced by Ken Vail Graphic Design, Cambridge

Original illustrations © Harcourt Education Limited 2003

Printed in Malaysia, CTP-PPSB

Tel: 01865 888058 www.heinemann.co.uk

3 Mucho gusto

1 Escribe las frases en los globos apropiados.

1	2	3	4	5

_____   _____   _____   _____   _____   _____   _____   _____

a *Te presento a mi familia.*   b *Éste es mi abuelo.*   c *Éstos son mis padres.*   d *Éste es mi perro.*
e *Éstas son mis hermanas.*   f *Encantado.*   g *Encantada.*   h *Encantados.*

2a **Mira el árbol genealógico y completa las frases.**
Look at the family tree and complete the sentences.

Antonio – Bernardina
Mercedes – Fernando   Luis Miguel – Yolanda
Javier   Merceditas   Conchita   Alicia   Paco

1 Luis Miguel es el _____ de Merceditas, Conchita y Javier.

2 Merceditas es la _____ de Javier y Conchita.

3 El _____ de Alicia y Paco se llama Antonio.

4 Mercedes es la _____ de Alicia.

5 La _____ de Conchita es Alicia.

6 Los _____ de Alicia y Paco son Mercedes y Fernando.

7 La _____ de Conchita, Merceditas y Javier es Bernardina.

8 La _____ de Paco se llama Yolanda.

2b **Escribe unas frases describiendo qué relación tiene Paco con cada persona.**

Ejemplo: *Alicia es* la hermana de Paco. _____

1 Luis Miguel es _____

2 Merceditas y Conchita son _____

3 Javier _____

4 Mercedes y Fernando _____

5 Yolanda _____

6 Antonio y Bernardina _____

2c **Dibuja el árbol genealógico de tu familia y describe qué relación tienes con cada persona.**
Draw your family tree and write what relation each person is to you (e.g. mother).

¡Listos! 2 © Harcourt Education Ltd 2003

4 Estás en tu casa

1 Mira los dibujos y completa los globos usando las palabras en el cuadro.
Look at the pictures and complete the speech bubbles using the words in the grid.

Me hace falta ...	ducharme/ducharte
Necesito ...	bañarme/bañarte
Quiero ...	tomar algo
¿Te hace falta ... ?	llamar por teléfono
¿Necesitas ... ?	ver la tele
¿Quieres ... ?	ascostarme/acostarte
	lavarme/lavarte el pelo
	un bocadillo

1

_____

_____

2

_____

3

_____

_____

4

_____

5

_____

6

_____

2 Completa las frases con las palabras correctas.
Complete the sentences with the correct words.

1 Me hace falta un secador, una *toalla / champú* y un *cepillo / champú*.

2 El perro *necesito / necesitas / necesita* una toalla.

3 Me hacen falta *desodorante / jabón / desodorante y jabón*.

4 ¿*Me / Te / Le* hace falta una aspirina, Juan?

5 ¿*Quiero / Quieres / Quiere* usted colonia?

5 Unos regalos

1 Empareja las descripciones con las personas.

1 Le gusta salir y estar con los amigos. Nunca está en casa. ☐

2 Todo el mundo le adora. Es una persona muy amable. ☐

3 Le encanta el colegio. Siempre hace los deberes. Quiere ser médico. ☐

4 Practica la natación y juega al fútbol y al baloncesto. ☐

5 No es muy activa ni dinámica. Toma la vida con calma. ☐

6 No para de hablar día y noche. Siempre está al teléfono charlando con sus amigos. ☐

7 Tiene dos empleos. De día trabaja en el polideportivo como monitora y por las tardes trabaja de camarera. ☐

8 Es muy buena persona pero no tiene mucho sentido del humor y no le gustan las fiestas. ☐

a Cristóbal es deportivo.   e Carlos es hablador.
b Andrés es simpático.   f Lourdes es trabajadora.
c Ester es seria.   g Marisol es tranquila.
d Enrique es sociable.   h Lupita es estudiosa.

2 Contesta a las preguntas.

1 ¿Cómo es tu amigo/a? _____

2 ¿Cómo es tu profesor(a) de español? _____

3 ¿Cómo es tu madre? _____

4 ¿Cómo es el director/la directora de tu instituto? _____

5 ¿Cómo es tu padre? _____

6 ¿Cómo es tu hermano/a? _____

3 ¿Qué compra Paloma a su familia para la Navidad? Mira los dibujos y contesta a las preguntas.

Ejemplo: *¿Qué les compra a sus abuelos?* Les compra una caja de galletas.

1 ¿Qué le compra a su madre? _____

2 ¿Qué le compra a su padre? _____

3 ¿Qué le compra a su tía? _____

4 ¿Qué le compra a su hermana? _____

5 ¿Qué le compra a su hermano mayor? _____

6 ¿Qué le compra a su hermano menor? _____

Ejemplo   1   2   3   4   5   6

6 Muchas gracias por el regalo

1a Lee las cartas y rellena el cuadro.

> Queridos abuelos:
> Muchas gracias por el regalo de cumpleaños. El dinero es muy práctico y voy a comprar un DVD. Sois muy generosos.
> Hasta pronto.
> Sofía

> Querida tía Puri:
> ¿Qué tal estás? ¿Qué tal las vacaciones en El Caribe? Gracias por la camiseta de Puerto Rico. Es muy bonita y graciosa. Me encanta el color. Eres muy simpática. Recuerdos a mis primos.
> Besos y abrazos,
> Rosa

	¿Qué recibe?	¿De quién?	¿Cómo es el regalo?	¿Le gusta?
Sofía				
Rosa				

1b Lee las cartas otra vez y empareja las dos partes de las frases.

1	Sofía va a comprar un DVD	☐	**a** con el dinero de sus abuelos.
2	Rosa recibe una camiseta de	☐	**b** cumpleaños.
3	El regalo es para su	☐	**c** el color.
4	La camiseta es de	☐	**d** su tía.
5	Los abuelos de Sofía	☐	**e** son generosos.
6	A Rosa le gusta mucho	☐	**f** Puerto Rico.

2 Recibes una invitación de tu amigo español. Escribe una carta para aceptar esta invitación.
You receive an invitation from a Spanish friend. Write a letter to accept the invitation.

> ¡Hola!
> Quiero invitarte a pasar tres semanas en mi chalet en Málaga en septiembre. Málaga es una ciudad muy bonita y el chalet está cerca de la playa y tiene una piscina bastante grande. Te va a gustar.
> Recuerdos a tus padres.
> Escríbeme pronto.
> Un saludo
> César

_____
_____
_____
_____
_____
_____
_____
_____

¡Listos! 2 © Harcourt Education Ltd 2003

Repaso

1 Contesta a las preguntas.

1 ¿Cómo te llamas? _____

2 ¿Cuántos años tienes? _____

3 ¿Cuándo es tu cumpleaños? _____

4 ¿De dónde eres? _____

5 ¿Dónde vives? _____

6 ¿Tienes hermanos? ¿Cuántos tienes? _____

2a Lee el fichero de Raúl. ¿Verdad (✓) o mentira (✗)?

1 Raúl es de España.   ☐

2 Juega al fútbol.   ☐

3 Su lugar de nacimiento   ☐
  es Málaga.

4 Vive en Madrid.   ☐

5 Pesa 1,8 kilos.   ☐

6 Mide 76 metros.   ☐

GONZÁLEZ BLANCO, RAÚL

Nombre: Raúl González Blanco

Nacionalidad: español

Profesión: futbolista

Equipo: Real Madrid

Fecha y lugar de nacimiento:
27 de julio de 1977, Madrid

Domicilio: Madrid

Peso: 76 kg

Altura: 1,81 metros

2b Corrige las frases falsas.

_____

_____

_____

3 Empareja las dos partes de las frases.

1 Me levanto   ☐   a golf muy mal.

2 Toco la guitarra   ☐   b cocina bien.

3 Juego al   ☐   c examen.

4 Normalmente me ducho después de   ☐   d bastante bien.

5 Hoy tenemos un   ☐   e a las tres y media.

6 Las clases terminan   ☐   f rápidamente.

7 Mi padre   ☐   g desayunar.

8 Voy al instituto en   ☐   h coche.

¡Listos! 2 © Harcourt Education Ltd 2003

Gramática 1

1 *Write sentences using words from each list in the grid.*

Ejemplo: <u>Yo soy menos alta que mi madre.</u>

| (Yo)
Mi hermano/a
Mi amigo/a

Mis hermanos/as
Mis amigos/as | soy
es

son | | más
menos | alto/a(s)
bajo/a(s)
aburrido/a(s)

inteligente(s)
tranquilo/a(s)
hablador(a)(s) | que | mi(s) padre(s).
su(s) madre(s).
yo.

mis(s) hermano/a(s).
primo/a(s).
amigo/a(s). |

1 _____

_____

2 _____

_____

3 _____

4 _____

5 _____

6 _____

> **Making comparisons**
>
> más + adjective + que — more ... than
> menos + adjective + que — less ... than

2 *Write five sentences using the words in the grid.*

Ejemplo: <u>Mi hermana es la más alta de la familia.</u>

| Mi hermana
Mi madre
Mi padre
Mi abuela
El perro | es | el/la | más
menos | alto/a
inteligente
viejo/a
divertido/a
generoso/a | de la familia. |

1 _____

_____

2 _____

_____

3 _____

4 _____

5 _____

> **Forming superlatives**
>
> el/la más + adjective — the most ...
> el/la menos + adjective — the least ...

Gramática 2

1 *Choose the correct adverbs to complete the sentences.*

> **bien   normalmente   mal   rápidamente   tranquilamente**

1 Juego al tenis muy _____.

2 Toco el piano bastante _____.

3 Salgo de casa _____.

4 _____ voy al instituto a pie.

5 Leo un libro _____.

> *Making adjectives into adverbs:*
>
> **adjective feminine form**
> rápido   rápida + mente
>
> **adverb**
> rápidamente
>
> Me visto rápidamente.
>
> *Some adjectives are irregular:*
>
> **adjective**
> bueno   *good*
> malo   *bad*
>
> **adverb**
> bien   *well*
> mal   *badly*

2 *Complete the sentences with the correct form of* éste.

1 _____ es mi abuelo.

2 _____ son mis padres.

3 _____ es mi tía.

4 _____ es mi perro.

5 _____ es mi amiga.

6 _____ es mi familia.

> *The words for 'this' and 'these'*
> *(demonstrative adjectives) are as*
> *follows:*
>
> | | masculine | feminine |
> |----------|-----------|----------|
> | **singular** | éste | ésta |
> | **plural** | éstos | éstas |

3 *Choose the correct pronoun to complete each sentence.*

1 A mi abuelo _____ compro un gorro.

2 ¿Qué _____ vas a comprar a tus padres?

3 Me gustan estos zapatos. _____ los compro.

4 _____ compro un llavero a mi hermana.

5 Me gusta este CD. _____ lo compro.

6 ¿Te gusta la camiseta? _____ la compro.

> *Indirect object pronouns in Spanish*
> *are as follows:*
>
> me   *me*
> te   *you*
> le   *you (polite)/him/her/it*
> nos   *us*
> os   *you (plural)*
> les   *them/*
>   *you (polite, plural)*
>
> *Indirect object pronouns come*
> *immediately before the verb.*

¡Listos! 2 © Harcourt Education Ltd 2003

Resumen

I can ...

- ask someone's name and give mine

  ¿Cómo _____?
  Me _____

- say my nationality and where I am from

  Soy _____
  Soy de _____

- ask someone what their nationality is

  ¿Cuál _____?

- ask someone where he/she lives
  and say where I live

  ¿Dónde _____?
  Vivo _____

- say if I have any brothers or sisters

  Tengo _____
  Soy _____

- ask someone if they have brothers or sisters

  ¿Tienes _____?

- ask someone where they are from

  ¿De _____

- say when my birthday is

  Mi _____

- ask others when their birthday is

  ¿Cuándo _____?

- ask someone what their hair is like and
  describe mine

  ¿Cómo _____?
  Tengo _____

- **G** make comparisons

  Shakira es más _____

- say what time I get up

  Me _____

- say what I have to eat

  Tomo _____

- say where I go to eat

  Voy _____

- say how I get somewhere

  Voy _____

- say what time classes start and finish

  Las clases _____

- say what I do after school

  Hago _____

- **G** use some adverbs

  _____

- **G** use demonstrative pronouns

  Ésta/Éste es _____
  Éstos/Estás son _____

- give the names of members of my family

  Se llama _____
  Se llaman _____

- say that I'm pleased to meet someone

  _____

- ask someone if they would like (a shower)

  ¿Quieres _____?

- say (Yes) I would like (a shower)

  (Sí), quiero _____

- ask someone if they need anything

  ¿Necesitas _____?

- **G** use adjectives to say what someone is like

  Es _____

- **G** use indirect object pronouns to say
  'him/her/them'

  Le/Les _____

- say 'thank you' for something

  _____

- say I like it (very much)/I love it

  Me _____

- **G** use the immediate future

  Voy _____

¡Listos¡ 2 © Harcourt Education Ltd 2003

1 ¿Qué comes?

1a Lee los globos, mira los dibujos y escribe los números en el cuadro.

Carlota
De primer plato normalmente tomo sopa. De segundo plato a veces como arroz con pollo. Siempre tomo fruta, unas uvas, por ejemplo, o una manzana.

Paco
En mi casa comemos ensalada de primer plato. El plato principal es generalmente carne, chuletas de cordero o filetes de ternera por ejemplo. No tomamos postre.

Fernando
Como en la cantina del instituto a mediodía. No tomo nada de primer plato. De segundo generalmente como pescado y patatas fritas. De postre tomo tarta.

Amanda
Mi comida favorita consiste en una ensalada mixta de primer plato y huevos fritos y patatas fritas de segundo. De postre me gusta tomar helado de chocolate.

	primer plato	segundo plato	postre
Carlota			
Fernando			
Paco			
Amanda			

primer plato

1 2

3

segundo plato

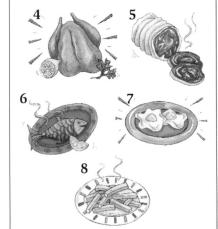

4 5

6 7

8

postre

9 10

11

1b Rellena el globo sobre ti.

Yo _____
_____
_____
_____
_____
_____

¡Listos! 2 © Harcourt Education Ltd 2003

2 ¿Qué te gusta comer?

1 Empareja las dos partes de las frases.

1 No me gustan las salchichas	☐	a porque es muy dulce.
2 Adoro los perritos calientes	☐	b saladas.
3 Mi plato preferido es el flan	☐	c porque son grasientas.
4 No me gustan mucho las chuletas pero	☐	d son nutritivas.
5 Odio las sardinas porque	☐	e porque son deliciosos.
6 No me gusta nada el curry	☐	f porque es picante.
7 Me encantan las patatas fritas porque son	☐	g no son ricas.

2a Empareja las descripciones con los dibujos.

1 ☐   2 ☐   3 ☐   4 ☐

a Nuria
Me encanta la comida rápida, el chocolate, las patatas fritas, los caramelos y todo tipo de comida rápida. Suelo comer chocolate y patatas fritas todos los días. Es muy rico.

c Amalia
Me encanta la comida italiana porque es deliciosa. Suelo comer macarrones o espaguetis de primer plato con una ensalada.

b Mario
Soy vegetariano. No como carne ni pescado. Prefiero legumbres y verduras. Son más nutritivas.

d Santiago
Me encanta la comida española. Mis platos preferidos son la tortilla de patatas, las gambas y especialmente la paella porque es muy rica.

2b ¿Verdad (✓) o mentira (✗)?

1 Nuria suele comer comida basura todos los días. ☐ ___
2 Mario no come carne porque no es nutritiva. ☐ ___
3 Come legumbres y verduras. ☐ ___
4 A Amalia le gusta la comida italiana porque es nutritiva. ☐ ___
5 Siempre come macarrones de segundo plato. ☐ ___
6 A Santiago le gusta la comida mexicana. ☐ ___

2c Corrige las frases que son falsas.

¡Listos! 2 © Harcourt Education Ltd 2003

3 De compras

1 Empareja las palabras con los dibujos.

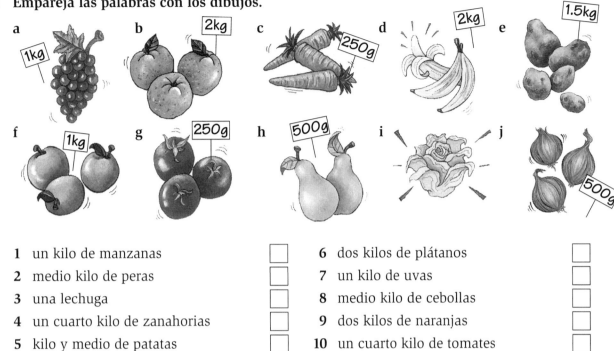

1 un kilo de manzanas

2 medio kilo de peras

3 una lechuga

4 un cuarto kilo de zanahorias

5 kilo y medio de patatas

6 dos kilos de plátanos

7 un kilo de uvas

8 medio kilo de cebollas

9 dos kilos de naranjas

10 un cuarto kilo de tomates

2a Completa el diálogo.

● Buenos días. ¿Qué desea?

○ _____

● Muy bien. ¿Algo más?

○ *¿Hay _____?*

● Sí.

○ *Pues, _____*

● ¿Algo más?

○ *Kilo y medio de _____ y un cuarto kilo de _____*

● ¿Algo más?

○ *Nada más, gracias. ¿Cuánto es en total?*

● Son _____ .

○ *Tome.*

● Gracias. Adiós

2b Escribe una conversación similar. Cambia los productos y las cantidades.

¡Listos! 2 © Harcourt Education Ltd 2003

4 Cien gramos de jamón y una barra de pan

1 Escribe los números.

1	ochenta y cinco	_____	**5** trescientos sesenta	_____
2	cincuenta y nueve	_____	**6** setecientos	_____
3	doscientos	_____	**7** ciento setenta y uno	_____
4	quinientos	_____	**8** novecientos tres	_____

2 Escribe los números en español.

1 68 _____

2 123 _____

3 591 _____

4 784 _____

5 927 _____

6 809 _____

7 636 _____

8 450 _____

3 Lee los diálogos y escribe las cantidades en las columnas apropiadas del cuadro.
Read the conversations and write the quantities in the corresponding columns of the chart.

1
- ● ¿Qué desea?
- ◉ Una lata de sardinas y un paquete de galletas.
- ● ¿Algo más?
- ◉ Sí, una botella de limonada y doscientos cincuenta gramos de chorizo.

2
- ● ¿Qué desea?
- ◉ Una docena de huevos y quinientos gramos de jamón.
- ● ¿Algo más?
- ◉ Un cartón de leche, una barra de pan y dos botellas de limonada.
- ● Tome usted.

3
- ● ¿Qué desea?
- ◉ Setecientos cincuenta gramos de queso y una caja de pasteles.
- ● ¿Algo más?
- ◉ Nada más, gracias.

4
- ● ¿Qué desea?
- ◉ Quinientos gramos de chorizo y media docena de huevos.
- ● ¿Algo más?
- ◉ Sí, dos barras de pan.

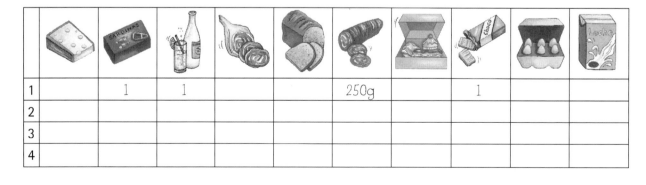

1		1	1			250g		1		
2										
3										
4										

¡Listos! 2 © Harcourt Education Ltd 2003

5 ¡Que aproveche!

1 Mira los dibujos y completa el crucigrama.

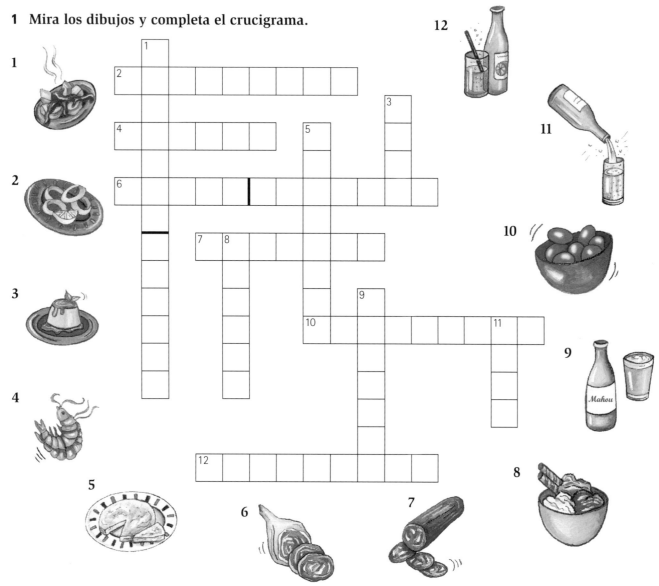

2 Elige platos del crucigrama y completa el diálogo sobre ti y un(a) amigo/a.

● Buenas tardes. ¿Qué van a tomar?

○ _____ y para _____

● ¿Van a tomar algo más?

○ _____ y para _____

● ¿Y de postre?

○ _____ y para _____

● ¿Y para beber?

○ _____ y para _____

¡Listos! 2 © Harcourt Education Ltd 2003

6 La comida sana

1a Lee los textos. ¿Con qué frecuencia comen las personas los alimentos mencionados?

algunas veces al mes = ✓		a few times a month = ✓		
algunas veces a la semana = ✓✓		a few times a week = ✓✓		
todos los días = ✓✓✓		every day = ✓✓✓		
no come(n) = ✗		doesn't eat = ✗		

Timeu					
Patricia					
Susana		✓✓	✓✓✓	✓	✓✓✓

Timeu Siempre desayuno tostadas o cereales con leche y bebo zumo de naranja. Para comer tomo carne roja todos los días y para cenar como pescado, pollo o huevos fritos varias veces a la semana. Me gusta tomar una ensalada con las comidas algunas veces a la semana.

Patricia No me gusta nada el pescado, prefiero la carne y como carne roja todos los días. No como pescado ni pollo. Me gusta el pan y todos los días como bocadillos a mediodía. Como fruta algunas veces al mes, no me gusta mucho. No bebo leche ni como queso ni yogur.

1b Contesta a las preguntas.

1 ¿Quién come carne todos los días? _____

2 ¿Quién come pescado? _____

3 ¿Quién desayuna cereales? _____

4 ¿Quién come bocadillos? _____

5 ¿Con qué frecuencia come fruta Patricia? _____

6 ¿Con qué frecuencia toma leche Timeu? _____

7 En tu opinión, ¿quién tiene la dieta más sana? _____

8 ¿Quién tiene la dieta menos sana? _____

1c Escribe unas frases para describir la dieta de Susana.

Susana come _____

_____

_____

_____

_____

_____

Repaso

1 Mira el anuncio del supermercado y contesta a las preguntas.

ULTRAMARINOS   **CONGELADOS**

0,75€   3,00 €/kg
Cacahuetes fritos salados 250g

0,72€   0,90 €/kg
Galletas 800g

1,45€   3,87 €/kg
Cereales 375g

1,08€   4,32 €/kg
Café molido Colombia 250g

1,81€   4,53 €/l
Mini bombón helado 400ml

1,69€   5,12 €/l
Helado snack 330ml

0,53€   3,53 €/kg
Chocolate c/leche 150g

0,89€
Arroz vaporizado en caja 1kg

1,00€   2,27 €/kg
Conos 440ml

BEBIDAS

0,83€   1,73 €/kg
Melocotón en almíbar 840g

1,58€   6,75 €/kg
Atún claro aceite **Rianxeria** 360g

2,69€
Aceite de oliva **Carbonell** 1l

POR LA COMPRA DE 1 PAQUETE SAN MIGUEL

PIDE TU "RASCA Y GANA"

1,72€   1,15 €/l
Cerveza **San Miguel** paquete 6 x 25cl

6,19€   8,84 €/l
Whiskey 70cl

0,91€
Cerveza **Cruzcampo** 1l

1 ¿Cuánto cuesta un paquete de cereales? _____

2 ¿Cuánto cuesta una botella de aceite? _____

3 ¿Cuánto cuesta un paquete de café? _____

4 ¿Cuánto cuesta un paquete de arroz? _____

5 ¿Cuánto cuesta una lata de melocotones? _____

6 ¿Cuánto cuesta una tableta de chocolate? _____

7 ¿Cuánto cuesta un litro de cerveza? _____

8 ¿Cuánto cuesta un paquete de galletas? _____

una tableta = *a bar*

2 Busca las palabras en el anuncio.

1 *scratch card* _____   3 *groceries* _____   5 *syrup* _____

2 *drinks* _____   4 *frozen goods* _____   6 *peach* _____

3 Diseña un folleto de tus productos favoritos con precios. Busca las palabras que no conoces en el diccionario.

¡Listos! 2 © Harcourt Education Ltd 2003

Gramática 1

1 ¿Qué opinas de estos platos?

Me encanta(n) ...	☺ ☺ ☺
Me gusta(n) mucho ...	☺ ☺
Me gusta(n) ...	☺
No me gusta(n) ...	☹
No me gusta(n) nada ...	☹ ☹
Odio ...	☹ ☹ ☹

> Remember to use gusta/encanta with singular nouns and gustan/encantan with plural nouns.
>
> **Me gusta la fruta.** = I like fruit.
>
> **Me encantan los perritos calientes.** = I love hot dogs.

1 _____ los mariscos.

2 _____ la ensalada.

3 _____ las verduras.

4 _____ la sopa.

5 _____ el pescado.

6 _____ los calamares.

7 _____ el helado.

8 _____ los huevos.

2 ¿Qué opinas de estos platos y productos? Elige las palabras de la lista para completar las frases.

1 Los perritos calientes son _____

2 Las gambas son _____

3 Las sardinas son _____

4 Las uvas son _____

5 Los plátanos son _____

6 La leche es _____

7 La comida china es _____

8 La comida india es _____

sano/a(s)

delicioso/a(s)

rico/a(s)

grasiento/a(s)

salado/a(s)

nutritivo/a(s)

picante(s)

dulce(s)

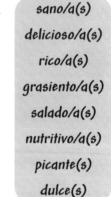

Gramática 2

1 **Contesta a las preguntas.**

Ejemplo: *¿Sueles comer fruta todos los días?* <u>Sí, suelo comer fruta de postre.</u>

1 ¿Sueles beber agua con la comida?

_____

2 ¿Sueles desayunar?

_____

3 ¿Sueles comer comida basura?

_____

4 ¿Sueles comer comida sana?

_____

5 ¿Sueles tomar postre?

_____

6 ¿Sueles comer verduras?

_____

7 ¿Sueles comer carne roja?

_____

> To say that you usually do
> something, use the verb soler
> followed by the infinitive:
>
> ¿**Sueles** beber agua con la comida?
>
> No, **suelo** beber limonada.

2 **Mira los dibujos y completa las frases en los globos con las palabras apropiadas de la lista.**

para mí   para él   para ella

1 _____ unas patatas bravas.

3 _____ un helado de fresa.

2 _____ unas gambas al ajillo.

4 _____ ensalada mixta.

Resumen

I can ...

■ *say what I will/won't eat*

Como _____

No _____

■ *ask someone what they want to eat*

¿Qué _____?

■ *say what I like/love to eat*

Me _____

■ *say what I don't like/hate*

Detesto/Odio _____

■ *ask someone what they like to eat*

¿Te _____?

■ *say what time meals are*

_____

■ *say what kind of food I (don't) like*

Me _____

No _____

■ *say what kind of food I prefer*

Prefiero _____

■ *ask someone what kind of food they like*

¿Qué _____?

■ *say what my favourite dish is*

Mi plato _____

G *make longer sentences by using* porque

... porque es/son _____

G *use* soler + infinitive *to say what I usually do*

Suelo _____

■ *ask someone what their favourite dish is*

¿Cuál _____?

■ *say what I would like*

Deme _____

■ *ask someone if they would like anything else*

_____

■ *say I don't want anything else*

_____

■ *ask and say how much something costs*

¿Cuánto _____?

Cuesta _____

■ *count from 0 to 1,000*

cero, _____

■ *say 'I'm hungry/thirsty'*

Tengo _____

■ *ask if someone is hungry or thirsty*

¿Tienes _____?

■ *order for myself or someone else*

Para _____

■ *say I don't want anything else*

_____

■ *say how often I eat/drink something*

Como _____

1 ¿Qué ropa llevan?

1a Empareja las descripciones con las personas.

1    2    3    4

a Cristina lleva una blusa, una falda, un jersey y unas botas. ☐

b Emilio lleva unos vaqueros, una camiseta, unas zapatillas de deporte y una chaqueta. ☐

c Isidro lleva unos pantalones, una camisa de manga corta, un cinturón, unos calcetines y unos zapatos. ☐

d Margarita lleva unas sandalias, una gorra, una camiseta sin mangas y unos pantalones cortos. ☐

1b Mira el dibujo y describe lo que lleva Carmen.

_____

_____

2a Lee las frases y mira los dibujos. ¿Verdad (✓) o mentira (✗)?

1 Los zapatos son más caros que las zapatillas de deporte. ☐

2 La camiseta sin mangas es más barata que la camiseta con mangas. ☐

3 La chaqueta de cuero es más cara que la chaqueta vaquera. ☐

4 Los vaqueros son más baratos que los pantalones. ☐

5 Los vaqueros son más caros que la chaqueta vaquera. ☐

2b Escribe cinco frases similares.

1 _____

2 _____

3 _____

4 _____

5 _____

¡Listos! 2 © Harcourt Education Ltd 2003

2 Me gusta aquella camiseta roja

1 Completa las frases con la forma apropiada del color.

1 unos zapatos _____ (negro)

2 un gorro _____ (blanco)

3 unos abrigos _____ (verde)

4 una chaqueta _____ (azul)

5 un jersey _____ (amarillo)

6 un traje _____ (gris)

7 una falda _____ (rojo)

8 unas botas _____ (marrón)

2 Completa las frases con las palabras apropiadas de la lista.

1 Me gusta aquella _____ .

2 Prefiero _____ jersey azul.

3 Me encantan estas _____ .

4 Esos zapatos son _____ .

5 Me gustan esos _____ de cuero.

6 ¿Te gusta aquel _____ ?

7 ¿Por qué no compras _____ camiseta?

8 _____ chaquetas son muy elegantes.

> *Remember that adjectives must agree with the noun:*
>
> un jersey rojo   una falda roja
> unos jerseys rojos   unas faldas rojas
>
> *Adjectives ending in consonants add –es in the plural:*
>
> un jersey/una falda azul   unos jerseys/unas faldas azules

> preciosos   gorro   esta   ese
> aquellas   cinturones   botas   blusa

3 Empareja las frases con los dibujos.

1 Me quedan grandes. ☐

2 Me queda grande. ☐

3 Me quedan pequeños. ☐

4 Me queda pequeña. ☐

5 Me queda pequeño. ☐

a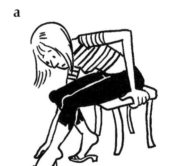

b

c

d

e

3 ¿Me lo puedo probar?

1 Empareja las frases.

1 Me gusta esta sudadera.

2 Me encantan estos zapatos.

3 Este traje es muy elegante.

4 Estas zapatillas de deporte son muy baratas.

5 Esta falda no es cara.

6 Estos vaqueros son fantásticos.

a ¿Me los puedo probar?

b ¿Me lo puedo probar?

c ¿Me la puedo probar?

d ¿Me las puedo probar?

e ¿Me los puedo probar?

f ¿Me la puedo probar?

2 Pon las frases de la conversación en el orden correcto.

a Claro. ¿Qué número usa?

b Buenos días. `1`

c Vale. Aquí tiene.

d El treinta y siete.

e Me quedan pequeños. ¿Me los puedo probar en un treinta y ocho?

f ¡Hola! Me gustan estos zapatos marrones.¿Me los puedo probar?

g ¿Qué tal le quedan?

h Lo siento. No tenemos el treinta y ocho en marrón pero lo tenemos en negro.

i Me los llevo.

j Son muy cómodos. ¿Cuánto son?

k Son 45 euros.

l Bueno, pues me los pruebo en negro.

3 Escribe un diálogo similar.

● _____
  _____
○ _____
  _____
● _____
○ _____
● _____
○ _____

● _____
  _____
○ _____
  _____
● _____
○ _____
● _____
○ _____

¡Listos! 2 © Harcourt Education Ltd 2003

4 ¿Qué vas a llevar para ir a la fiesta?

1a Elige la descripción apropiada para cada dibujo.

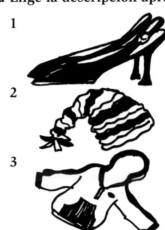

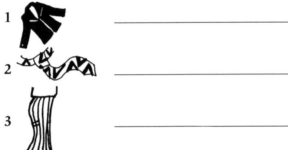

1
a unos zapatos de tacón alto
b unos zapatos de tacón bajo

2
a un gorro de lana
b un gorro de algodón

3
a una sudadera con capucha
b una sudadera sin capucha

4
a unos pantalones anchos
b unos pantalones ajustados

5
a una falda corta
b una falda larga

6
a un abrigo estampado
b un abrigo de cuero

1b Escribe una descripción de cada artículo.

1 _____

2 _____

3 _____

4 _____

5 _____

6 _____

2a Empareja las preguntas con las respuestas.

1 ¿Qué vas a llevar para ir a la boda? ☐

a Voy a llevar mi gorro y una camiseta del Real Madrid.

2 ¿Qué vas a llevar para ir al parque? ☐

b Voy a llevar un traje y una corbata.

3 ¿Qué vas a llevar para ir al partido de fútbol? ☐

c Voy a llevar unos vaqueros, una sudadera y zapatillas de deporte.

4 ¿Qué vas a llevar para ir a la discoteca? ☐

d Voy a llevar mis botas, mis gafas de sol y mi gorro de lana.

5 ¿Qué vas a llevar para ir a esquiar? ☐

e Voy a llevar pantalones cortos y gafas de sol.

2b Contesta a las preguntas.

1 ¿Qué vas a llevar para ir a una fiesta?

_____

2 ¿Qué vas a llevar para ir a la playa?

_____

3 ¿Qué vas a llevar para ir a las montañas?

_____

5 ¿Llevas uniforme?

1a Lee las cartas y escribe M (Mariano) o S (Santiago) para cada dibujo.

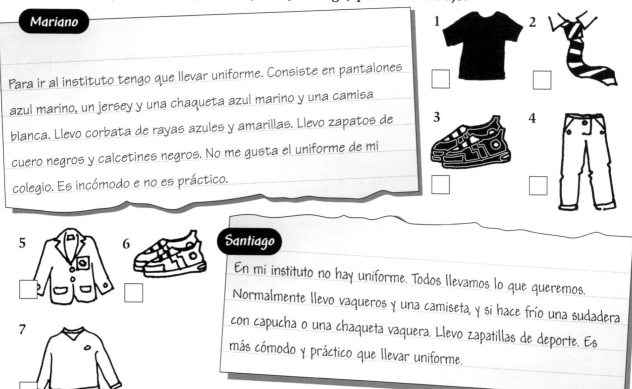

Mariano

Para ir al instituto tengo que llevar uniforme. Consiste en pantalones azul marino, un jersey y una chaqueta azul marino y una camisa blanca. Llevo corbata de rayas azules y amarillas. Llevo zapatos de cuero negros y calcetines negros. No me gusta el uniforme de mi colegio. Es incómodo e no es práctico.

Santiago

En mi instituto no hay uniforme. Todos llevamos lo que queremos. Normalmente llevo vaqueros y una camiseta, y si hace frío una sudadera con capucha o una chaqueta vaquera. Llevo zapatillas de deporte. Es más cómodo y práctico que llevar uniforme.

1b Subraya los adjetivos en las cartas.

1c ¿Verdad (✓) o mentira (✗)?

1 Mariano lleva un jersey azul marino. ☐
2 A Mariano le encanta su uniforme. ☐
3 Su uniforme es cómodo. ☐
4 Su uniforme no es práctico. ☐

5 Santiago no lleva uniforme. ☐
6 Lleva zapatillas de deporte. ☐
7 Prefiere no llevar uniforme. ☐

2 Mira el dibujo y describe el uniforme de Jacobo.

Llevo _____
_____
_____
_____
_____

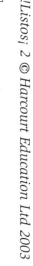

¡OJO!

Make your writing more interesting. Use lots of adjectives. Remember to make them agree with the nouns they describe.

¡Listos! 2 © Harcourt Education Ltd 2003

6 En la calle principal

1 Empareja los artículos con las tiendas.

1 librería   ☐   **a** tarta

2 bombonería   ☐   **b** pan

3 zapatería   ☐   **c** gambas

4 panadería   ☐   **d** pollo

5 farmacia   ☐   **e** diccionario

6 frutería   ☐   **f** paracetamol

7 droguería   ☐   **g** botas

8 pescadería   ☐   **h** uvas

9 carnicería   ☐   **i** cepillo de dientes

10 pastelería   ☐   **j** bombones

2a Rellena los espacios en blanco con las palabras apropiadas.

1 A mi madre le gusta todo lo típico de España. Voy a comprar unas _____ y un

_____ para mi madre. Puedo comprarlos en la tienda de _____ .

2 Mi hermano es muy deportista. Voy a comprar una _____ para mi hermano.

Puedo comprarla en la tienda de _____.

3 A mi padre le encanta la ropa. Voy a comprar una _____ y una _____

de manga larga para mi padre. Puedo comprarlas en la tienda de _____.

4 A mi hermana le gusta la música. Voy a comprar un _____ para mi hermana.

Puedo comprarlo en la tienda de _____.

pelota   gorra   disco compacto

castañuelas   deportes   regalos

abanico   camiseta   discos   ropa

2b ¿Qué regalos vas a comprar a tu familia? ¿Dónde vas a comprarlos? Escribe unas frases como las de 2a.

1 _____

2 _____

3 _____

4 _____

5 _____

Repaso 1

1a Mira el dibujo y marca los artículos de la lista.

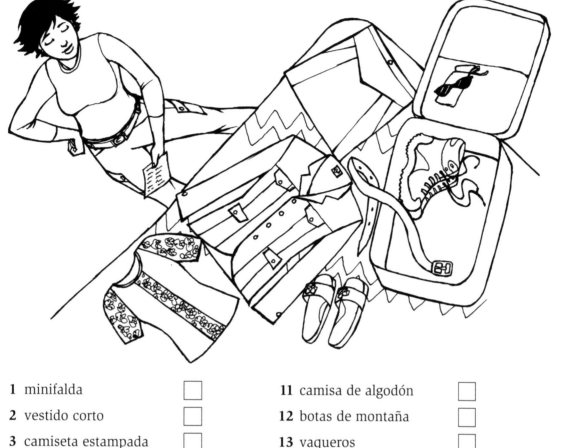

1 minifalda	☐	**11** camisa de algodón	☐
2 vestido corto	☐	**12** botas de montaña	☐
3 camiseta estampada	☐	**13** vaqueros	☐
4 gorra	☐	**14** cinturón	☐
5 sandalias de playa	☐	**15** calcetines de deporte	☐
6 gafas de sol	☐	**16** camiseta sin mangas	☐
7 pantalones cortos	☐	**17** vestido largo	☐
8 top de lycra	☐	**18** zapatos de tacón alto	☐
9 jersey de manga larga	☐	**19** chaqueta de cuero	☐
10 chaqueta vaquera	☐	**20** traje	☐

1b Escribe dos listas.

Para ir de vacaciones a Cuba voy a llevar _____

_____

Para ir de vacaciones a Canadá voy a llevar _____

_____

¡Listos! 2 © Harcourt Education Ltd 2003

Repaso 2

1a Lee la conversación. ¿Verdad (✓) o mentira (✗)?

- ● Me gustan estos pantalones negros. ¿Me los puedo probar?
- ○ Claro. ¿Qué talla tiene?
- ● La 38.
- ○ ¿Qué tal me quedan los pantalones?
- ● Le quedan pequeños.
- ○ ¿Me los puedo probar en 40?
- ● Lo siento. En 40 no tenemos en negro.
- ○ ¿Me los puedo probar en azul marino?
- ● Sí, tome usted.
- ○ Me quedan muy bien. ¿Cuánto cuestan?
- ● 35 euros.
- ○ Me los llevo.

1 Al cliente le gustan unos pantalones negros. ☐

2 Su talla es la treinta y ocho. ☐

3 Los pantalones le quedan mal. ☐

4 Quiere probarse otros pantalones en una talla más pequeña. ☐

5 Los pantalones en la talla más grande le quedan pequeños. ☐

6 Los pantalones cuestan cincuenta y tres euros. ☐

7 El cliente compra los pantalones. ☐

1b Mira los dibujos y escribe una conversación similar.

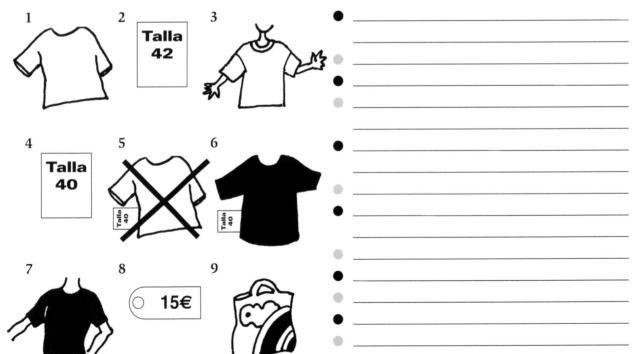

1   2 Talla 42   3

4 Talla 40   5   6

7   8 15€   9

● _____
○ _____
● _____
○ _____

● _____
○ _____
● _____

● _____
○ _____
● _____
○ _____

Gramática

1a *Write* este, esta, estos *or* estas.

1 _____ camiseta

2 _____ gorras

3 _____ pantalones

4 _____ cinturón

> *The words for 'this' (este, esta), 'these' (estos, estas), 'that' (ese/aquel, esa/aquella) and 'those' (esos/aquellos, esas/aquellas) agree with the noun they describe and they go in front of the word they're describing.*

1b *Write* ese, esa, esos *or* esas.

1 _____ calcetines

2 _____ jersey

3 _____ gafas de sol

4 _____ sudadera

1c *Write* aquel, aquella, aquellos *or* aquellas.

1 _____ abrigo

2 _____ vestidos

3 _____ mochila

4 _____ camisas

2 *Write* lo, la, los *or* las.

1 Me encanta esa camiseta. ¿Me _____ puedo probar?

2 Aquellas sandalias son bonitas. ¿Me _____ puedo probar?

3 Los zapatos son baratos. Me _____ llevo.

4 El cinturón es precioso. Me _____ llevo.

5 ¿Dónde puedo comprar aspirinas?

– Puedes comprar_____ en la farmacia.

6 ¿Dónde podemos comprar pan?

– Podéis comprar_____ en la panadería.

> *If you want to say 'it' or 'them', you use lo, la (it) or los, las (them) depending on whether you're using a masculine, feminine or plural noun.*

> *You can use ir + a + infinitive to talk about the immediate future.*
> **Voy a llevar pantalones y un top.**
> *I'm going to wear trousers and a top.*

3 *Write an answer for each question.*

1 ¿Qué vas a comprar en el supermercado?

_____

2 ¿Qué vas a comprar en la tienda de regalos?

_____

3 ¿Qué vas a llevar para ir a la fiesta?

_____

4 ¿Qué vas a llevar para jugar al tenis?

_____

5 ¿Qué te vas a poner para ir al instituto?

_____

¡Listos! 2 © Harcourt Education Ltd 2003

Resumen

I can ...

- say what someone is wearing

  _____

- make comparisons

  _____

- say what I (don't) like

  Me _____

  No _____

- say what I love

  Me encanta(n) _____

- say what I prefer

  Prefiero _____

- use demonstrative adjectives to say 'this/these, that/those'

  este/ese/aquel _____

- ask if something suits me

  ¿Qué tal _____ ?

- say how something looks

  Me/Te _____

- use direct object pronouns **lo/la/los/las**

  ¿Me lo _____ ?

  Me los _____

- say what size I take

  Llevo _____

- ask and say how much something costs

  ¿Cuánto _____ ?

  Cuesta(n) _____

- ask what someone is going to wear

  ¿Qué _____ ?

- say what I wear

  Llevo _____

- use the immediate future to say what I am going to wear/put on

  Voy a _____

- make longer sentences using **porque**

  ... porque es más/menos _____

- use adjectives to describe clothes

  _____

- ask where I can buy certain items

  ¿Dónde _____ ?

- use direct object pronouns to say 'it/them'

  Puedes _____

- say who I am going to buy them for

  Para _____

¡Listos¡ 2 © Harcourt Education Ltd 2003

1 ¿Qué hay de interés?

1 **¿Qué hay de interés en Cádiz?**
Lee el texto y elige los dibujos apropiados.

Hay ...

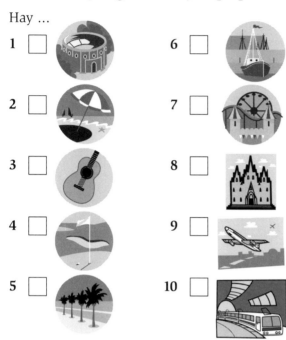

1 ☐   6 ☐

2 ☐   7 ☐

3 ☐   8 ☐

4 ☐   9 ☐

5 ☐   10 ☐

Cádiz es una de las ciudades más antiguas de Europa. Está en el sur de España. Tiene un puerto importante, tiene paseos marítimos y hay muchas playas cerca de la ciudad. Tiene una estación de trenes y de autobuses pero no tiene aeropuerto. Hay un museo de arte, una catedral antigua, varias iglesias y una plaza de toros. Hay también una gran variedad de bares y restaurantes. Desde Cádiz se puede ir en barco a las Islas Canarias.

2a **Escribe sobre lo que se puede hacer en Cádiz.**

Se puede ...
ir a la playa.
jugar al golf.
ir a una corrida de toros.
ir de paseo al lado del mar.
visitar la catedral.
ir de compras en el centro comercial.
ver los cuadros en el museo de arte.
esquiar.
comer en un restaurante.
bañarse en el mar.
ir a un parque temático.

_____

_____

_____

_____

_____

_____

_____

2b **Escribe sobre lo que se puede hacer en tu ciudad.**

_____

_____

_____

_____

_____

¡Listos! 2 © Harcourt Education Ltd 2003

2 Tus vacaciones

	1	2	3	4	5	6	7	8	9	10
Marina	✓				✓	✓				✓
Juan		✓		✓	✓				✓	
Tamara			✓				✓		✓	
Pablo	✓				✓	✓		✓		
Melania		✓			✓		✓			
Iván			✓		✓				✓	
tú										

1a Lee las frases. ¿Quién habla?

el paisaje = *countryside, scenery*

1 <u>Normalmente</u> voy a la sierra. El paisaje es muy bonito. Saco fotos y monto en bicicleta. _____

2 No voy a la playa <u>en verano</u>. Normalmente voy a las montañas. Me baño en la piscina. _____

3 Voy a la costa. Voy a la playa. Me baño en el mar y tomo el sol. <u>También</u> hago surfing. _____

4 Voy de vacaciones al campo. Voy de paseo y <u>a veces</u> monto en bicicleta. _____

5 No voy a la costa. Prefiero el campo. Me baño en el río y monto en bicicleta. _____

6 Normalmente voy de vacaciones a la costa. <u>Me encanta</u> la playa. Me baño en el mar y voy a discotecas. _____

1b Busca las palabras en las frases de 1a para:

1 *sometimes* _____
2 *in the summer* _____
3 *also* _____
4 *I love* _____
5 *usually* _____

1c Completa el cuadro sobre ti y escribe sobre tus vacaciones. Incluye las palabras subrayadas de 1a si puedes.

_____

_____

2 Emplea palabras del cuadro para escribir frases sobre los medios de transporte que usas.

Normalmente voy al instituto en autobús.

Normalmente	voy	al	instituto	a pie.
Generalmente	vamos		cine	en coche.
A veces		a la	costa	en tren.
			playa	en avión.
		a	Francia	en autobús.
			España	en ferry.
				en bicicleta

3 ¿Dónde fuiste?

1 Empareja las frases.

1 Fui al estadio
2 Fui al cine
3 Fui al polideportivo
4 Fui al centro comercial
5 Fui al mercado
6 Fui al parque

a a ver una película.
b a comprar fruta.
c a comprar un CD.
d a montar en bicicleta.
e a ver un partido de fútbol.
f a jugar al bádminton.

2 Lee los textos y completa el cuadro.

> El sábado por la mañana fui a mi clase de piano en casa de la profesora. Por la tarde fui al centro comercial con mi amiga, Clara. Fui a comprar un regalo para mi hermana. El domingo por la mañana fui al parque a pasear con mi perro. Por la tarde fui al cine con mis padres a ver la nueva película de Harry Potter.
> **Vanessa**

> El sábado por la mañana fui al polideportivo a jugar <u>al baloncesto</u> con <u>Juan y Manolo</u>. Por la tarde fui al cine con <u>Alicia</u>. El domingo por la mañana fui a <u>casa de mis abuelos</u> a comer con <u>mis</u> <u>padres</u>. Por la tarde fui al estadio a ver <u>un partido de fútbol</u> con <u>mi hermano</u>.
> **Raúl**

		¿Adónde?	¿A qué?	¿Con quién?
Vanessa	el sábado			
	a.m.	a casa de la profesora	clase de piano	–
	p.m.			
	el domingo			
	a.m.			
	p.m.			
Raúl	el sábado			
	a.m.			
	p.m.			
	el domingo			
	a.m.			
	p.m.			

3 Lee el diario de Alejandro. Escribe un párrafo sobre su fin de semana. Mira el texto de Raúl en 2 y cambia las palabras subrayadas.

El sábado por la mañana fui al polideportivo a jugar al ... con Ana, Luis y ...

sábado	domingo
9.30	10.00
polideportivo voleibol + Ana, Luis y Bea	museo de arte + Teresa (mi tía) y mi abuela
3.00	5.30
cine + Isabel	Estadio Bernabeu + padre

4 ¿Adónde fueron?

1 Empareja las frases con los dibujos.

1 Normalmente voy al instituto en bicicleta pero ayer fui a pie. ☐

2 José Luis y Marta fueron al cine. ☐

3 Mi hermana fue a la discoteca. ☐

4 El año pasado fuimos de vacaciones a Australia. ☐

5 ¡Enhorabuena! Fuiste muy rápido. ☐

6 ¿Adónde fuisteis?
Fuimos al parque. ☐

> ayer = *yesterday*
> ¡enhorabuena! = *congratulations!*

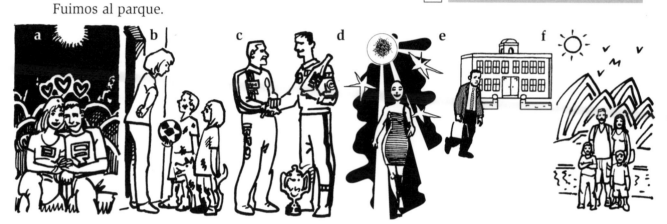

2a Empareja las palabras con su equivalente en inglés.

1 ¿Adónde?	☐	**a** *Why?*
2 ¿Quién?	☐	**b** *How many?*
3 ¿Cómo?	☐	**c** *When?*
4 ¿Cuántos/Cuántas?	☐	**d** *Where to?*
5 ¿Cuándo?	☐	**e** *Who?*
6 ¿Por qué?	☐	**f** *How?*

2b Completa las preguntas con las palabras apropiadas de 2a.

1 ¿ _____ fue el capitán Scott en 1911?
Fue al Polo Sur.

2 ¿ _____ fue el capitán Cook a Australia en 1770?
Fue en barco.

3 ¿ _____ turistas fueron de vacaciones a España el año pasado?
Más de 60 millones.

4 ¿ _____ fue al Caribe en 1492?
Cristóbal Colón.

5 ¿ _____ fueron Raúl y Michael Owen a Japón en el 2002?
Fueron a jugar al fútbol.

6 ¿ _____ fue a la luna el estadounidense Neil Armstrong?
En 1969.

¡Listos! 2 © Harcourt Education Ltd 2003

5 ¿Lo pasaste bien?

1a Empareja las frases.

Claudia

1	El año pasado fui de vacaciones	☐	**a** avión.
2	Fui con	☐	**b** bomba!
3	Fuimos en	☐	**c** a Cancún en México.
4	Nos alojamos	☐	**d** en el mar y en la piscina.
5	Me bañé	☐	**e** en un hotel estupendo cerca de la playa.
6	Visitamos	☐	**f** una camiseta y unas gafas de sol.
7	Compré	☐	**g** Chichen Itza, una ciudad antigua y muy interesante.
8	¡Lo pasé	☐	**h** mis padres y mis hermanos.

Alejandro

9	En Semana Santa fui de excursión	☐	**i** un camping.
10	Fuimos en	☐	**j** queso y jamón serrano.
11	Nos alojamos en	☐	**k** el río al lado del camping.
12	Me bañé en	☐	**l** con mis amigos al campo.
13	Visité un	☐	**m** tren.
14	Compré	☐	**n** pueblo antiguo en las montañas.
15	Lo pasamos	☐	**o** fenomenal.

1b Elige los dibujos apropiados para Claudia y Alejandro.

Claudia	✓					
Alejandro						

2 Escribe sobre unas vacaciones reales o imaginarias.

El año pasado fui de vacaciones con mi familia a Cuba. Fuimos en ...

_____

_____

¡Listos! 2 © Harcourt Education Ltd 2003

6 Fueron de excursión

1a Escribe la frase apropiada del cuadro para cada dibujo.

a

b

c

d

_____

_____

e

f

g

_____

_____

Cenaron a las ocho y media.
Elsa sacó muchas fotos.
Elsa y Maite se despertaron temprano.
Se acostaron a las nueve y media.
Para la comida, compraron pan, queso y fruta.
Por la mañana visitaron un pueblo de montaña.
Por la tarde se bañaron en el río.

1b Pon los dibujos en **1a** en el orden correcto. ☐ ☐ ☐ ☐ ☐ ☐ ☐

2 ¿Verdad (✓) o mentira (✗)?

1 Maite y Elsa fueron de excursión
   a la playa. ☐

2 Se despertaron a las once y media. ☐

3 Se alojaron en un camping. ☐

4 Visitaron un pueblo antiguo. ☐

5 Maite sacó fotos del pueblo. ☐

6 Compraron comida en el pueblo. ☐

7 Por la tarde se bañaron en un lago. ☐

8 Se acostaron a las ocho. ☐

9 Cenaron en el camping. ☐

Repaso

● *¿Adónde fuiste de vacaciones, Susa?*
○ Fui a Sevilla en abril.
● *¿Con quién fuiste?*
○ Fui con mis padres y mi hermana. Fuimos en tren.
● *¿Te alojaste en un hotel?*
○ No, nos alojamos en la casa de unos amigos, en el centro de la ciudad.
● *¿Qué hay de interés en Sevilla?*
○ Hay un parque temático. Hay una plaza de toros. Hay una catedral. Hay museos y restaurantes. Hay parques bonitos y piscinas. Además en abril hay una fiesta. Se llama la Feria de abril. Es muy bonita.
● *¿Qué haces normalmente cuando vas de vacaciones?*
○ Bueno, normalmente tomo el sol, me baño, voy de paseo y visito los lugares de interés.
● *¿Qué hiciste en Sevilla?*
○ Visité la catedral. Fui de paseo en el parque y me bañé en la piscina.
● *¿Fuiste al parque temático?*
○ ¡Claro que sí! ¡Lo pasé bomba!
● *¿Fuiste a la Feria?*
○ Sí, sí. Visité la Feria con mis padres. Mi hermana y yo bailamos flamenco.

1 Lee la entrevista. ¿Verdad (✓) o mentira (✗)?

1 Susa fue de vacaciones a Sevilla con su familia. ☐
2 Fueron en coche. ☐
3 Se alojaron en un hotel en el centro de la ciudad. ☐
4 En Sevilla se puede ver una corrida de toros. ☐
5 Susa y su familia visitaron la catedral y el parque temático. ☐
6 Susa se bañó en el mar. ☐
7 Fueron a la fiesta. ☐
8 Susa y su hermana bailaron flamenco. ☐

2 ¿Qué hace Susa normalmente cuando va de vacaciones? Elige los dibujos apropiados.

a ☐   b ☐   c ☐   d ☐   e ☐   f ☐   g ☐

3 Emplea los verbos de la lista para escribir cinco cosas que se pueden hacer en Sevilla.

Ejemplo: Se puede visitar la catedral.

_____

_____

_____

nadar
comer
ir
ver
visitar

Gramática 1

1 *Complete the sentences using the verbs in the box.*

> comprar   ~~hacer~~   ir   practicar   ver   visitar

Ejemplo: ¿Qué se puede <u>hacer</u> en Málaga y Jerez?

1 Se puede _____ a una corrida de toros en Jerez.

2 Se pueden _____ cuadros de buenos artistas en el museo de arte.

3 Se puede _____ un parque temático bastante cerca de Málaga.

4 Se puede _____ jerez en Jerez de la Frontera.

5 Se pueden _____ todos los deportes acuáticos en Málaga: el windsurfing, la pesca, el buceo.

2a *Complete the sentences with the first person singular form of the verbs in the box.*

> bañarse   descansar   hacer   ir   montar   sacar

Ejemplo: <u>Tomo</u> el sol.

1 _____ en el mar.

2 _____ de paseo.

3 _____ en bicicleta.

4 _____ surfing.

5 _____ fotos.

6 _____ en la playa.

2b *Write sentences about what you do and don't do on holiday.*

Ejemplo: <u>Me baño en el mar. No tomo el sol.</u>

_____

_____

_____

_____

3 *Match the questions and answers.*

1 ¿Adónde fuiste?

2 ¿Cuándo fuiste?

3 ¿A qué fuiste?

4 ¿Con quién fuiste?

a Fui con mis amigos.

b Fui al cine.

c A ver una película.

d El sábado por la tarde.

Gramática 2

1 *Write a sentence for each picture.*

1

2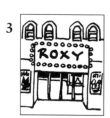

3

4

Fui al estadio.

2 *Complete the sentences with* fue *or* fueron.

1 Cristóbal Colón _____ al Caribe en 1492.

2 El capitán Cook _____ a Australia en 1770.

3 Más de 60 millones de turistas _____ a España el año pasado.

4 Neil Armstrong _____ a la luna en 1969.

5 David Beckham y Michael Owen _____ a la Copa Mundial de fútbol en Japón en 2002.

6 Ellen MacArthur _____ sola alrededor del mundo en barco de vela.

> *Remember:*
>
> **al** *centro comercial,*
> **a la** *discoteca*

3 *Complete the text with the verbs in the box.*

> Compré   Lo pasamos   ~~fui~~   ~~fuimos~~   Fui   Fuimos   Lo pasé   Me alojé
> Nos alojamos   Me bañé   Nos bañamos   Visité   Visitamos

En Semana Santa ___fui___ de vacaciones a Italia. _____ en avión. _____ en un hotel. _____ en el mar y en la piscina. _____ Roma. _____ una camiseta y gafas de sol. _____ muy bien.
   Juan

En el verano ___fuimos___ de vacaciones a Inglaterra. _____ en coche. _____ en un camping cerca de la playa. _____ en el mar. _____ un zoo y un parque de atracciones. _____ fenomenal.
   Jaime y Roberto.

4 *Complete the sentences with the appropriate form of the verb.*

Paulina _____ "La Bamba".

Enrique _____ la guitarra.

Carlos y Carolina _____ flamenco.

Tomás _____ fotos.

| bailó/bailaron | tocó/tocaron |
| cantó/cantaron | sacó/sacaron |

Para bailar La Bamba.

Resumen

I can ...

■	*ask and say what there is of interest*	¿Qué _____?
		Hay _____
G	*use se puede + infinitive*	¿Se puede(n) _____?
■	*ask someone where they normally*	¿Dónde _____?
	go on holiday and say where I go	Voy _____
■	*ask someone how they travel*	¿Cómo _____?
■	*say how I travel*	Voy _____
■	*ask someone what they do during the holidays*	¿Qué _____?
G	*use a number of verbs in the present tense*	_____
G	*use the preterite of ir to talk about the past*	Fui _____
■	*ask someone where they went last weekend*	¿Dónde _____?
■	*ask someone what they did*	¿Qué _____?
■	*say what others did*	Fue/Fueron _____
■	*ask someone what they went for*	¿A _____?
■	*say what I went for*	Fui _____
■	*ask someone who they went with*	¿Con _____?
■	*say who I went with*	Fui _____
■	*ask someone where they went last year*	¿Dónde _____?
■	*say were I went*	Fui _____
G	*use some –ar verbs in the preterite*	_____
■	*ask someone where they stayed*	¿Dónde _____?
■	*say where I stayed*	Me alojé _____
■	*ask someone what they visited*	¿Qué _____?
■	*say what I visited*	Visité _____
■	*ask someone what they bought*	¿Qué _____?
■	*say what I bought*	Compré _____
■	*ask someone where they swam*	¿Dónde _____?
■	*say where I swam*	Nadé _____
■	*ask someone if they had a good time*	¿Cómo lo pasaste _____?
■	*say what sort of time I had*	Lo _____
■	*describe what someone else did*	_____

1 ¿Quieres ir al cine?

1a ¿A qué hora nos encontramos? Empareja los dibujos con las frases.

a   b   c   d   e

1 mañana por la mañana a las diez menos cuarto ☐   **4** mañana por la tarde a las dos y cinco ☐

2 esta mañana a las once ☐   **5** esta tarde a las cuatro y media ☐

3 esta noche a las nueve y cuarto ☐

1b Escribe las palabras de 1a para: *Ejemplo:* tomorrow morning <u>mañana por la mañana</u>

1 *this morning* _____   **3** *tonight* _____

2 *tomorrow afternoon* _____   **4** *this afternoon* _____

2a Lee el diálogo y contesta a las preguntas.

● ¿Dígame?
○ *Hola Graciela. Soy Diego.*
● Hola Diego.
○ *¿Quieres ir conmigo a la discoteca?*
● ¿Cuándo?
○ *Mañana por la noche.*
● Bueno. ¿A qué hora quedamos?
○ *¿A las ocho y media?*
● Vale, a las ocho y media. ¿Dónde quedamos?
○ *¿En tu casa?*
● Bueno, aquí en mi casa.
○ *Hasta mañana.*
● Adiós.

1 ¿Con quién sale Graciela?

_____

2 ¿Adónde van?

_____

3 ¿Cuándo van?

_____

4 ¿A qué hora quedan?

_____

5 ¿Dónde quedan?

_____

2b Escribe un diálogo para invitar a un(a) amigo/a o una amiga a salir contigo. Elige lugares de la lista para ir y para encontrarse.

a la bolera
al cine
a la pista de hielo
al parque de atracciones

en la plaza
en tu/mi casa
en la plaza de toros
en la estación

_____   _____

_____   _____

_____   _____

_____   _____

¡Listos! 2 © Harcourt Education Ltd 2003

2 ¿Qué tipo de películas te gustan?

	♥♥	😀	🚨	🤖	🏎	😠	🐕	🪖	🤠
Clara		✓		✓	✗	✓			✗
Fabio	✗				✓		✗	✓	
Rafaela	✓			✓		✗			
Esteban			✓		✓				✓
Zulema	✓	✓		✗			✓		
Valdo		✗	✗		✓			✓	

1 **Mira la información en el cuadro y lee las frases. ¿Quién habla?**

Ejemplo: *Me gustan las películas de acción pero no me gustan los dibujos animados.* _____Fabio_____

1 Me gustan las películas de terror pero no me gustan las películas del oeste. _____

2 Me encantan las películas románticas. No me gustan las películas de terror. _____

3 No me gustan las películas de acción. Prefiero las de ciencia-ficción. _____

4 Me gustan las películas de guerra. No me gustan las películas cómicas. _____

5 Me gustan las películas románticas, las cómicas y los dibujos animados. _____

6 Me encantan las películas del oeste y las policíacas. _____

7 No veo películas románticas. Son aburridas. _____

2 **Empareja las preguntas con las respuestas.**

1 ¿Qué tipo de películas prefieres? ☐

2 ¿Te gustan las películas cómicas? ☐

3 ¿Por qué no te gustan las películas románticas? ☐

4 ¿Qué tipo de películas no te gustan? ¿Por qué? ☐

a Sí, me encantan porque son divertidas.
b Me gustan las películas de acción porque son emocionantes.
c No me gustan las películas cómicas porque son tontas.
d No me gustan porque son aburridas.

3 **Escribe tus propias opiniones sobre las categorías de películas que te gustan y no te gustan.**

_____

_____

_____

_____

3 Dos entradas, por favor

1 Completa los diálogos con la información en las entradas.

- _____ entradas, por favor.
- *¿Para qué película?*
- Para *El señor de los anillos*.
- *¿Para qué sesión?*
- Para la sesión de las ocho
  _____.
- *Aquí tiene.*
- ¿Cuánto es?
- *Son _____ euros.*
- ¿Qué pantalla es?
- *Es la pantalla _____.*

Número de entradas: 2
Película: El señor de
          los anillos
Sesión: 20:15
Pantalla: 5
Precio total: 10€

Cine Maremagnum

2a Lee la información y empareja la película con la categoría apropiada.

CINE MAREMAGNUM

DEL 25 AL 31 DE ENERO

EL SEÑOR DE LOS ANILLOS `13`
Lun-Jue: 16:30, 20:15
Vie: 16:30, 20:15, 00:00
Sáb: 12:15, 16:30, 20:15, 00:00
Dom: 12:15, 16:30, 20:15

HARRY POTTER Y LA PIEDRA FILOSOFAL `TP`
Sáb–Dom: 12:00

13 FANTASMAS `18`
Lun-Jue: 16:15, 18:25, 20:30, 22:30
Vie: 16:15, 18:25, 20:30, 22:30, 00:40
Sáb: 12:00, 14:00, 16:15, 18:25, 20:30, 22:30, 00:40
Dom: 12:00, 14:00, 16:15, 18:25, 20:30, 22:30

Información y venta 24h
☎ **902 33 32 31**

1 *El señor de los anillos* ☐
2 *Harry Potter y la piedra filosofal* ☐
3 *Trece fantasmas* ☐

a para todos los públicos
b no apta para menores de dieciocho años
c para mayores de trece años

2b Contesta a las preguntas.

1 *What days of the week can you see Harry Potter?*
2 *In which month are the three films showing?*
3 *What do you think the three films are called in English?*

3 Escribe un diálogo como en 1 para la película que quieres ver en 2.

_____ _____
_____ _____
_____ _____

¡Listos! 2 © Harcourt Education Ltd 2003

4 ¡Es genial!

1 Completa las tarjetas con las palabras apropiadas.

Es   Estoy   Hace   Hay

Hola Lucía:

_____ en Sevilla para la Feria de abril. _____ una fiesta muy bonita. _____ mucha gente. _____ buen tiempo. Hace sol pero no hace mucho calor. _____ estupendo.

Hasta pronto

Naomi

Estimado Carlos:

_____ de vacaciones en Inglaterra con mis padres. Estamos en un hotel en Devon. _____ mal tiempo. Hace frío y llueve todos los días.

No _____ gente de mi edad aquí. _____ aburrido.

Abrazos

Antonio

2 Elige un destino de tus vacaciones y escribe una tarjeta postal, usando las palabras apropiadas del cuadro.

¡OJO!

Remember to join some of your sentences with 'y' (and) and 'pero' (but).

Estoy de vacaciones en ...	el Caribe. Sudáfrica. Australia. el Polo Sur.
Hay/No hay ...	mucha gente. muchos animales. mucha nieve. muchos chicos guapos. muchas chicas guapas.
Hace ...	buen tiempo. mal tiempo. sol. calor. frío. viento.

5 ¿Qué hiciste el sábado?

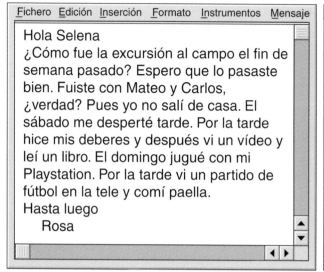

Fichero Edición Inserción Formato Instrumentos Mensaje

Hola Selena
¿Cómo fue la excursión al campo el fin de semana pasado? Espero que lo pasaste bien. Fuiste con Mateo y Carlos, ¿verdad? Pues yo no salí de casa. El sábado me desperté tarde. Por la tarde hice mis deberes y después vi un vídeo y leí un libro. El domingo jugué con mi Playstation. Por la tarde vi un partido de fútbol en la tele y comí paella.
Hasta luego
    Rosa

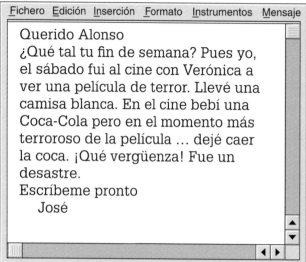

Fichero Edición Inserción Formato Instrumentos Mensaje

Querido Alonso
¿Qué tal tu fin de semana? Pues yo, el sábado fui al cine con Verónica a ver una película de terror. Llevé una camisa blanca. En el cine bebí una Coca-Cola pero en el momento más terroroso de la película … dejé caer la coca. ¡Qué vergüenza! Fue un desastre.
Escríbeme pronto
    José

1a Lee los textos y escribe **R** (Rosa), **S** (Selena), **V** (Verónica) o **J** (José) para cada dibujo.

dejar caer = *to drop, to spill*
¡Qué vergüenza! = *How embarrassing!*

1 ☐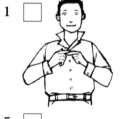

2 ☐

3 ☐

4 ☐

5 ☐

6 ☐

7 ☐

8 ☐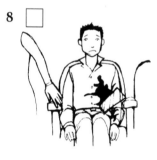

1b Busca las palabras y frases en los textos.

Ejemplo: last weekend <u>el fin de semana pasado</u>

1 *in the afternoon* _____

2 *afterwards* _____

3 *on Saturday* _____

4 *I did my homework.* _____

5 *I watched a video.* _____

6 *I played on my Playstation.* _____

7 *I watched a football match on TV.* _____

2 Escribe un e-mail sobre lo que hiciste el fin de semana pasado.

¡Listos! 2 © Harcourt Education Ltd 2003

6 El estadio estaba lleno

The Chemical Brothers Conciertos
(electrónica) Palau Olímpic de Badalona
(Avda. Ponent 143–161, Badalona).
Sábado 6 abril. Precio: 27€.

Planet Bowling Atracciones
Es una de las mayores y más modernas
boleras de España, con veintiséis pistas
de *bowling*, catorce mesas de billar
americano, pool bar estilo pub inglés,
laser juke, máquinas deportivas y un
parque infantil. Organizan ligas, torneos,
fiestas de cumpleaños, clases de *bowling*
y billar. Abierto todos los días desde las
13h hasta la madrugada.

Zoo de Barcelona
Horario de 10.00 a 17.00h. Copito de Nieve,
animales de todos los continentes y
especies en peligro de extinción.

Un fin de semana en Barcelona

Fui a Barcelona a visitar a mis amigos, Ernesto y
Neus. El viernes por la noche fuimos a tomar tapas.
Hacía calor. Había mucha gente en las calles.
Comimos unas tapas riquísimas. Lo pasé bien.

El sábado por la mañana fuimos de compras. Compré
una falda preciosa en Zara. Neus compró unos zapatos de
moda en Camper.

Por la tarde hacía mal tiempo: hacía viento y hacía frío.
Por eso fuimos a Planet Bowling. Es una bolera enorme.
Había mucho que hacer.
A mí me encanta jugar a las bolas y al billar. A Ernesto y
Neus también.

El sábado por la noche fuimos a un concierto de The
Chemical Brothers en el Estadio Olímpico. Había mucha
gente. El estadio estaba lleno. No había asientos libres.

El domingo por la mañana hacía sol. Fuimos al
zoo. Vi al famoso gorila blanco, Copito de Nieve.
Es simpático y divertido.

En total, fue un fin de semana estupendo.

1 Lee el texto y pon los dibujos en el orden correcto.

a   b   c   d   e

2a Contesta a las preguntas.

¿Qué tiempo hacía en Barcelona:

1 el viernes por la noche? _____

2 el sábado por la tarde? _____

3 el domingo por la mañana? _____

2b Contesta a las preguntas en inglés.

1 *What did Ernesto, Neus and their friend do on Friday evening?* _____

2 *Is the person writing the account of the weekend a boy or a girl?* _____

 What makes you think this? _____

3 *What is Planet Bowling?* _____

4 *What event did they go to on Saturday night?* _____

5 *Was the event a sell-out? How do you know?* _____

6 *What was interesting at the zoo?* _____

3 Escribe un texto similar para describir un fin de semana en Londres.

Fui a Londres con … El viernes por la noche fuimos a …

¡Listos! 2 © Harcourt Education Ltd 2003

Repaso

1 Completa el crucigrama.

Horizontales

4 Hacía buen tiempo: hacía sol y hacía

7 viernes, _____, domingo

10 Fui al cine a ver una .

12 ¿A qué _____? – A las siete y media.

15 En Australia es _____ en diciembre. Puedes ir a la playa en Navidad.

16 Fui a la playa y me _____ en el mar.

17 Me gusta ese jersey azul. – A mí no. Prefiero _____ camiseta roja.

Verticales

1 ¿Qué hora _____?

2 Por _____ mañana leí el periódico.

3 _____ hacía buen tiempo: hacía viento y hacía frío.

4 ¿Dónde nos encontramos? – En mi _____.

5 Por la tarde _____ un libro.

6 Comí una paella muy _____ en un restaurante al lado de la playa.

8 ¿Quieres ir al cine? – No, prefiero ir a la _____.

9 ¿Cuánto es? – Son _____ euros, por favor. 12€

11 En enero visité a mi prima en Canadá. _____ una chaqueta de plumas y un gorro de lana.

12 _____ mucho tráfico. Vamos a llegar tarde.

13 ¡Brr! ¡Qué frío _____!

14 ¡_____! ¿Qué tal?

¡Listos! 2 © Harcourt Education Ltd 2003

Gramática 1

1 *Complete the grid with the correct forms of the adjectives.*

masculine singular	feminine singular	masculine plural	feminine plural	
aburrido		aburridos		*boring*
	divertida			*fun*
romántico		románticos		*romantic*
	tonta		tontas	*silly*
emocionante			emocionantes	*exciting*
inteligente	inteligente	inteligentes		*intelligent*
interesante				*interesting*
infantil	infantil	infantiles		*childish*

2a *Complete the sentences with the correct form of the adjective.*

1 Fui al cine a ver la nueva película de James Bond. Fue muy _____. (divertido)

2 No me gustan los dibujos animados porque son _____. (infantil)

3 Odio las películas de ciencia-ficción porque son _____. (aburrido)

4 Las películas de acción son más _____ que las películas románticas. (emocionante)

5 Me gusta la clase de español porque siempre es _____. (interesante)

2b *Complete the sentences with your own adjectives. Delete the words as appropriate.*

1 ¿Cómo es tu amigo o amiga ideal?

Mi amigo/amiga ideal es _____.

No es _____.

2 ¿Cómo es tu profesor/profesora ideal?

_____

_____

3 ¿Te gustan los libros de Harry Potter? ¿Por qué?

Me gustan/No me gustan los libros de Harry Potter porque son _____

_____.

4 ¿Te gustan las películas de Wallace y Gromit? ¿Por qué?

_____

_____

5 ¿Te gusta ir a la bolera o prefieres ir al parque de atracciones?

Prefiero ir al/a la _____

porque _____.

Gramática 2

1 *Write opinions on these types of films.*

Las películas ...					las películas ...
románticas			aburridas		románticas
cómicas			emocionantes		cómicas
policíacas			inteligentes		policíacas
de ciencia-ficción	son	más	divertidas	que	de ciencia-ficción
de acción		menos	infantiles		de acción
de terror			interesantes		de terror
de dibujos animados			tontas		de dibujos animados
de guerra					de guerra
del oeste					del oeste

Ejemplo: *Las películas cómicas son más divertidas que las películas de ciencia ficción.*

2 *Complete the postcard with the words from the box.*

¡Hola Rocío!

_____ de vacaciones en Chile en Sudamérica para Navidad. _____ verano aquí. _____ sol y _____ calor. Imagínate: aquí se puede ir a la playa en diciembre. _____ muchos lugares bonitos para visitar y los chilenos _____ muy simpáticos.

Un fuerte abrazo
    Francisco

Es	Son
Estoy	hace
Hay	Hace

3 *Complete the sentences with the words shown.*

1 _____ a California en avión.

2 _____ un libro.

3 _____ Coca-Cola.

4 _____ un bocadillo de queso.

5 _____ tres películas.

6 _____ una llamada en mi teléfono móvil.

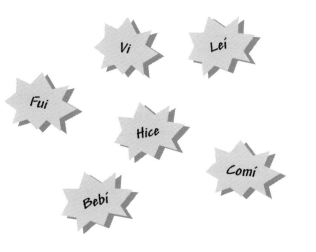

Vi Leí Fui Hice Comí Bebí

¡Listos! 2 © Harcourt Education Ltd 2003

Resumen

I can ...

■ *ask someone if they want to go out*	¿Quieres —————————————?
and where they would like to go	¿Adónde_____?
■ *ask and say what time and where to meet*	¿A _____? A _____
	¿Dónde _____? En _____
■ *refuse an offer to go out*	No, _____
■ *say what types of films I (don't) like*	(No) Me _____
■ *say what types of films I prefer*	Prefiero _____
G *make longer sentences using* porque	… porque _____
G *make comparisons*	_____
■ *ask how much tickets are at*	Dos _____
the cinema and book them	Para _____
	¿Cuánto _____?
■ *describe an event in the present tense*	_____
■ *ask and say what the weather is like*	¿Qué _____?
	Hace _____
G *use some –er and –ir verbs in the preterite*	_____
G *use some irregular verbs in the preterite tense*	_____
■ *ask someone what they did on*	¿Qué _____?
their day out and say what I did	
■ *ask someone where they went*	¿Adónde _____?
and how they got there	¿Cómo _____?
■ *say where I went and how I got there*	Fui _____
■ *ask what match/film they saw*	¿Qué _____?
■ *say which one I saw*	Vi _____
■ *ask what someone wore and say*	¿Qué _____?
what I wore	Llevé _____
■ *ask what someone ate/drank*	¿Qué _____?
■ *say what I ate/drank*	Comí/Bebí _____
■ *ask who someone saw*	¿A _____?
and say who I saw	Vi _____
G *use some phrases in the imperfect tense*	_____
■ *ask and say what the weather was like*	¿Qué _____?
	Hacía _____
■ *ask and say what there was there*	¿Qué _____?
	Había _____

1 ¿Qué te duele?

1 Lee los globos y rellena el cuadro.

Marián

> No puedo comer. No puedo dormir. Me duelen las muelas. Me duelen mucho y me duele la cabeza también.

Ramón

> Me caí de la bicicleta. Me duele la mano y me duele el brazo. No puedo moverlos. También me duele bastante la pierna, sobre todo la rodilla y el pie.

Laura

> Me siento mal, muy mal. Me duele la garganta y me duelen los oídos. Me duelen la espalda y el estómago. Me duele la cabeza.

Martín

> El fin de semana fui de excursión con mis amigos a la sierra. Hicimos senderismo. Ahora me duelen mucho los pies, las piernas y la espalda.

		1 Marián	2 Ramón	3 Laura	4 Martín
1					
2					
3					
4					
5					
6					
7					
8					
9					
10					
11					

2 Mira los dibujos y completa las explicaciones.

> Ayer fui a la playa. Hacía sol. Lo pasé muy bien pero hoy me duele la _____. Me duelen los _____ y la _____.

> Fui al campo a visitar a mis tíos y mis primos. Monté a caballo pero me caí. Ahora me _____ _____

ayer = *yesterday*
ahora = *now*

¡Listos! 2 © Harcourt Education Ltd 2003

2 Me siento mal

1 Escribe las frases apropiadas para cada dibujo.

Melania	Juan	Constanza	Itxaso

Tengo gripe. _____ _____ _____

Estoy constipada. _____ _____ _____

_____ _____ _____ _____

_____ _____ _____ _____

_____ _____ _____ _____

_____ _____ _____ _____

Me caí de la moto.

Estoy enferma. Me siento mal.

Tengo gripe.

¡Ay! Me duele la mano.

Estoy constipada.

Tengo una insolación.

Me duele la espalda.

Me duele mucho la pierna.

No puedo moverla.

Tengo una picadura.

Tengo dolor de cabeza.

Tengo fiebre.

Tengo tos.

Tengo la pierna rota.

2 Estás enfermo/a. Escribe una carta a un(a) amigo/a para decir que no puedes ir a su fiesta.

Ejemplo: Querido (Ben)/Querida (Kirsty):
          No puedo ir a tu fiesta porque tengo …

_____

_____

3 En la farmacia

1 Escribe una frase para cada dibujo.

Ejemplo: 1    2    3    4

una caja

de aspirinas

2 Pon las palabras en el orden correcto.

Ejemplo: al   debes   médico   ir

Debes ir al médico.

una caja			aspirinas	
un tubo			crema antiséptica	
una botella	de		jarabe	
un paquete			pastillas	
			pomada	
			tiritas	

1 al   ir   dentista   debes

2 tomar   debes   jarabe   este

3 cama   ir   a   la   debes

4 ponerte   antiséptica   crema   debes esta

5 ir   al   debes   hospital

6 tomar   debes   aspirinas   unas

3a Empareja las frases.

1 ¿Qué te pasa? ☐

2 ¿Qué te duele? ☐

3 ¿Puedes mover el brazo? ☐

4 ¿Te duele la cabeza? ¿Estás mareado? ☐

5 Debes ir al hospital. ☐

6 Sí, creo que tienes el brazo roto. ☐

a ¡El brazo roto? ¡Ay, no!

b Me duele el brazo.

c Me caí de la moto.

d ¿Al hospital? Vale.

e Sí, me duele la cabeza y estoy un poco mareado.

f No, no puedo moverlo. Me duele mucho.

3b Escribe un diálogo similar con el médico.

¡Listos! 2 © Harcourt Education Ltd 2003

4 Hay que practicar mucho

1 Elige una respuesta para cada pregunta.

¿Eres un fanático del fútbol?

1 ¿Cuánto tiempo hace que eres aficionado/aficionada de tu equipo de fútbol favorito?

a Hace diez años. ☐

b No tengo un equipo favorito. Me gustan varios. ☐

2 ¿Qué hay que llevar para ir a un partido?

a Hay que llevar las entradas. ☐

b Hay que llevar ropa cómoda y práctica en los colores de tu equipo. ☐

3 ¿Prefieres ir al estadio a ver el partido o prefieres verlo en la tele?

a Prefiero ir al estadio. No debes perder ni un solo partido. ☐

b No debes ir a ver los partidos porque los espectadores son agresivos. ☐

4 ¿Qué tienes que hacer cuando vas a un partido?

a Tienes que cantar y hacer mucho ruido para animar a los jugadores. ☐

b No debes cantar porque puede molestar a los jugadores. ☐

5 ¿Qué debes saber si eres un verdadero aficionado/aficionada?

a Debes saber la historia del club y la posición actual en la liga. ☐

b Debes saber los colores del equipo ☐

6 ¿Qué no debes hacer nunca si eres un verdadero aficionado/aficionada?

a No debes sentarte en silencio durante todo el partido. ☐

b No debes cambiar de equipo favorito porque tu equipo no tiene éxito. ☐

4-6 Te interesa el deporte pero no eres un fanático del fútbol.

6-8 Te gusta bastante el fútbol pero no te obsesiona.

8-12 Eres un verdadero aficionado/aficionada. Te encanta el fútbol, y tu equipo favorito es muy importante en tu vida.

Resultado

1 a 2 b 1

2 b 2 a 1

3 b 0 a 2

4 b 0 a 2

5 b 1 a 2

6 a 1 b 2

aficionado/aficionada = *fan, supporter*	molestar = *to annoy*
animar = *to encourage*	perder = *to miss*
cambiar = *to change*	ponerse de pie = *to stand up*
el jugador = *player*	tener éxito = *to be successful*
hacer ruido = *to make a noise*	varios = *several*
los espectadores = *spectators*	verdadero = *true, real*

2 ¿Qué debes y no debes hacer si eres un verdadero aficionado al fútbol? Escribe seis frases.

_____

_____

_____

_____

_____

_____

5 Hay que comer fruta todos los días

1a Escribe las palabras apropiadas en los espacios para dar tus opiniones sobre la vida sana.

Debes	Hay que	Tienes que	No debes	No hay que	No tienes que

1 _____ dormir ocho horas.

2 _____ comer fruta, verduras y ensalada todos los días.

3 _____ comer comida grasienta.

4 _____ desayunar todos los días.

5 _____ organizar bien los estudios.

6 _____ tomar bebidas alcohólicas.

7 _____ comer pescado.

8 _____ comer carne.

9 _____ tener tiempo para los amigos y la familia.

10 _____ practicar un deporte tres veces a la semana.

11 _____ beber agua.

la carne = *meat*	feliz = *happy*
fuerte = *strong*	estar en forma = *to be fit*
el pescado = *fish*	si quieres = *if you want*
tener éxito = *to be successful*	

1b Completa las frases con las ideas de **1a** para expresar tus propias opiniones.
*Complete the sentences using ideas from **1a** to express your own opinions.*

Ejemplo: Para estar en forma <u>tienes que practicar un deporte tres veces a la semana.</u>

1 Si quieres llevar una vida feliz y tranquila _____

2 Si quieres estar más fuerte _____

3 Para tener éxito en los exámenes _____

2 Escribe frases para decir lo que vas o no vas a hacer para estar en forma.
Write sentences saying what you are or aren't going to do to be fit.

<u>Voy a (dormir ocho horas).</u>

<u>No voy a (comer comida grasienta).</u>

_____

_____

¡Listos! 2 © Harcourt Education Ltd 2003

Repaso

1a Completa el diálogo en la farmacia.

| aspirinas | botella | cabeza | cama | espalda |
| fiebre | garganta | mal | pastillas | piernas | tos |

● ¡Buenos días! ¿Qué quiere?

○ Hace dos días que me duele mucho la _____.

● Bueno, estas _____ son muy buenas para el dolor de garganta.

○ ¿Tiene algo para la _____?

● Este jarabe es muy bueno.

○ Deme una _____, por favor.

● ¿Algo más?

○ Tengo dolor de _____.

● ¿Tiene fiebre también?

○ Sí, tengo _____.

● Debe tomar _____ cuatro veces al día.

○ ¿Le duelen la _____ y las _____?

● Sí, sí. Me duele todo el cuerpo. Me siento _____.

○ Usted tiene gripe. Debe guardar _____.

1b **Marca los síntomas que tiene la chica que va a la farmacia.**

Está enferma. ☑

Sufrió un accidente. ☐

Está mareada. ☐

Tiene dolor de cabeza. ☐

Tiene dolor de garganta. ☐

Tiene fiebre. ☐

Tiene dolor de estómago. ☐

Tiene diarrea. ☐

Tiene tos. ☐

1c **Marca la medicina y los consejos del farmacéutico.**

aspirinas (4 veces al día) ☐ crema antiséptica ☐

jarabe para la tos ☐ pastillas para el dolor de garganta ☐

pomada ☐ Debe ir al dentista. ☐

Debe ir al médico. ☐ Debe ir al hospital. ☐

Debe ir a la cama. ☐

2 **Escribe diálogos en la farmacia.**

1

2

3

las picaduras
la insolación

¡Listos! 2 © Harcourt Education Ltd 2003

Gramática 1

1 *Complete the sentences with* el, la, los *or* las.

1 Me duele _____ cabeza.

2 Tengo una picadura en _____ mano.

3 Tengo _____ pierna rota.

4 Me duele _____ garganta.

5 ¿Tiene algo para _____ picaduras?

6 Me duelen _____ pies.

7 Me duele mucho _____ brazo.

8 Me duelen _____ muelas.

9 Hace dos días que me duele mucho _____ estómago.

10 ¿Qué recomienda para _____ insolación?

2 *Complete the sentences with the correct form of the verb* deber.

deber	
debo	debemos
debes	debéis
debe	deben

1 Este chico _____ ir al hospital porque tiene la pierna rota.

2 Los chicos no _____ ir a la playa hoy porque tienen que estudiar.

3 No _____ comer muchas tapas porque pronto vamos a cenar.

4 No _____ ir al instituto hoy porque estoy enfermo.

5 Olivia y Daniel, no _____ sentaros juntos en clase porque habláis mucho.

6 Si te duelen las muelas _____ ir al dentista.

3 *Choose words from the grid to write sentences about yourself.*

Ejemplo: Ayudo en casa dos o tres veces a la semana.

1 Ayudo en casa	todos los días.	
2 Como fruta, verduras o ensalada		
3 Hago las compras	una vez	al día.
4 Leo el periódico	dos veces	a la semana.
5 Practico un deporte	tres veces	al mes.
6 Visito a mis abuelos	etc.	al año.
7 Voy al centro comercial		

1 _____

2 _____

3 _____

4 _____

5 _____

6 _____

7 _____

Gramática 2

1 *Write five sentences using the correct words from the grid.*

Para estar en forma		ir a España.
Para aprender a bailar	(no) hay que	hacer deporte y tener una dieta sana.
Para dormir bien	(no) debes	beber café por la noche.
Para comer tapas buenas	(no) tienes que	aprender cuando eres joven.
Para saber esquiar bien		ir a clases de baile.

_____

_____

_____

_____

_____

_____

_____

_____

_____

_____

2 *Write sentences using the information in the grid.*

Ejemplo: *Jaime   jugar al fútbol   5 años*

      Hace cinco años que Jaime juega al fútbol.

1	Marta	jugar al tenis	3 años
2	Gerardo	estudiar francés	4 años
3	Mayra y José	vivir en Sevilla	10 años
4	Jazmín	tener una moto	6 meses
5	Luis y Tere	trabajar en el Corte Inglés	1 año
6	Raúl	jugar para el Real Madrid	10 años

_____

_____

_____

_____

_____

Resumen

I can ...

- describe the parts of the body
_____

- use the correct pronoun – me, te, le, etc.
¿Qué _____?

  – to ask and say what hurts
Me duele(n) _____

- ask someone what is wrong
¿Qué _____?

- use the verb tener to say what is wrong with me
Tengo _____

- ask someone how they are
¿Cómo _____?

- use the verb estar to say how I am
Estoy _____

- ask for medication at the chemist's
¿Tiene _____?

Deme _____

- use the verb deber to ask what I
¿Qué _____?

  should do and to give advice
Debe(s) _____

- ask how long someone has been
doing something
¿Cuánto _____?

- say how long I have been doing something
Hace _____

- use hay que, tienes que and deber
Hay que _____

  to advise someone on a healthy diet
Tienes que _____

Debes _____

- use the immediate future to say
what I am going to do
Voy _____

❧ Diploma ❧

Nombre: ....

Apellido: ....

Edad: ....

Fecha de nacimiento: ....

Nacionalidad: ....

Domicilio/Dirección: ....

....

Colegio/Instituto: ....

Profesor(a) de español: ....

¿Cuál es tu módulo preferido de ?

1 Nos presentamos ☐

2 La comida ☐

3 De compras ☐

4 El turismo ☐

5 ¡Diviértete! ☐

6 La salud ☐

Marca la casilla apropiada:

	escuchar	hablar	leer	escribir
Me gusta mucho	☐	☐	☐	☐
Me gusta	☐	☐	☐	☐
Tengo que practicar	☐	☐	☐	☐

Firma del alumno/a: .... Fecha: ....

Firma del profesor(a) de español: ....

To find out more about
Heinemann products, plus free
supporting resources, visit

www.heinemann.co.uk

01865 888058

ISBN 978-0-435429-64-5